CON GRIN SUS CONOCIMIENTOS VALEN MAS

- Publicamos su trabajo académico, tesis y tesina

- Su propio eBook y libro - en todos los comercios importantes del mundo

- Cada venta le sale rentable

Ahora suba en www.GRIN.com y publique gratis

Las aplicaciones multimedia utilizadas en la orientación profesional y curricular

Carreras de Nivel Superior en Salud

Damir Nester Yexiam Saedeq

Bibliographic information published by the German National Library:

The German National Library lists this publication in the National Bibliography; detailed bibliographic data are available on the Internet at http://dnb.dnb.de.

ISBN: 9783346974877
This book is also available as an ebook.

© GRIN Publishing GmbH
Trappentreustraße 1
80339 München

All rights reserved

Print and binding: Books on Demand GmbH, Norderstedt, Germany
Printed on acid-free paper from responsible sources.

The present work has been carefully prepared. Nevertheless, authors and publishers do not incur liability for the correctness of information, notes, links and advice as well as any printing errors.

GRIN web shop: https://www.grin.com/document/1419553

Título: Las aplicaciones multimedia utilizadas en la orientación profesional y curricular. Carreras de Nivel Superior en Salud **Title**: Multimedia applications used in professional and curricular guidance. Higher level careers in Public Health **Autor**: Damir Nester Yexiam Saedeq	

Nota del autor: Las Imágenes que encontrará en este ensayo académico disponen de licencia Creative Commons 0 (CC0) y han sido obtenidas en http://Pixabay.com. Las referencias bibliográficas presentes en esta obra se encuentran acotadas según Normas Vancouver.

Author's note: The images that you will find in this academic essay have Creative Commons license 0 (CC0) and have been obtained in http://Pixabay.com. The bibliographical references present in this work are limited according to Vancouver Norms.

RESUMEN:

El presente ensayo académico aborda la importancia de la integración de las Tecnologías de la Información y la Comunicación (TIC) en la educación, especialmente en el nivel superior. Se destacan a las TIC como recursos fundamentales para mejorar el proceso de enseñanza-aprendizaje, fomentar la autonomía del alumnado, facilitar el trabajo en equipo y colaborativo, permitir la adaptación de los métodos de evaluación y promover la interacción entre el docente y el alumnado. Además, se menciona que los softwares educativos, en particular los multimedia, son una herramienta fundamental para lograr un proceso docente-educativo de alta calidad, ya que permiten interactuar con sonidos, imágenes, videos, animaciones, gráficos, ejercicios interactivos y textos, que complementan los contenidos a tratar, así como las simulaciones de procesos naturales o de laboratorios de difícil comprensión y modelación. Se destaca que la educación ya no está centrada en el pensamiento del docente, sino que ahora este se ha convertido en un facilitador o mediador entre el estudiante y el conocimiento, donde el software educativo tiene un papel fundamental como herramienta y medio de comunicación entre ellos. El estudio enfatiza la importancia de la integración de las TIC y los softwares educativos en la educación para mejorar la calidad del proceso de enseñanza-aprendizaje y fomentar el desarrollo intelectual de los estudiantes.

Palabras clave: software educativo, aplicación multimedia, .multimedia, Tecnologías de la Información y la Comunicación, proceso docente-educativo, desarrollo intelectual del estudiante.

ABSTRACT:

This academic essay addresses the importance of the integration of Information and Communication Technologies (ICT) in education, especially at the higher level. ICTs are highlighted as fundamental resources to improve the teaching-learning process, promote student autonomy, facilitate team and collaborative work, allow the adaptation of evaluation methods and promote interaction between teacher and students. Furthermore, it is mentioned that educational software, particularly multimedia, is a fundamental tool to achieve a high-quality teaching-educational process, since it allows interaction with sounds, images, videos, animations, graphics, interactive exercises and texts, which They complement the contents to be covered, as well as the simulations of natural or laboratory processes that are difficult to understand and model. It is highlighted that education is no longer focused on the teacher's thinking, but now he has become a facilitator or mediator between the student and knowledge, where educational software has a fundamental role as a tool and means of communication between them. . The study emphasizes the importance of the integration of ICT and educational software in education to improve the quality of the teaching-learning process and promote the intellectual development of students.

Keywords: educational software, multimedia application, multimedia, Information and Communication Technologies, teaching-educational process, student intellectual development.

Tabla de contenido

1.- INTRODUCCIÓN:

Se puede partir de un caso hipotético a modo de ilustración

Un grupo de jóvenes profesores cubanos de nivel superior, dedicados al ámbito de la salud pública, se encuentran inmersos en un ambicioso proyecto: el diseño de una aplicación multimedia destinada a orientar a los estudiantes en su formación profesional y curricular.

Este desafío ha llevado a los profesores a sumergirse en la selección del contenido y de las herramientas automatizadas que les permitan crear esta aplicación innovadora. Durante este proceso, los profesores han buscado asesoramiento y orientación de colegas con más experiencia, así como han consultado bibliografía especializada y participado en eventos científicos relacionados con el diseño de softwares multimedia para la docencia.

El debido enfoque en la investigación y la búsqueda de conocimientos especializados demuestran el compromiso del grupo de profesores con la excelencia en la creación de esta aplicación educativa. El mundo está experimentando un rápido avance, especialmente en el ámbito científico y tecnológico, y los sistemas educativos deben adaptarse a estas demandas.

La política educativa cubana ha estado a la vanguardia en respuesta a estas demandas, y la integración de las Tecnologías de la Información y la Comunicación (TIC) en la educación superior ha sido un aspecto clave de esta adaptación. Las TIC han propiciado mejoras en el proceso de enseñanza-aprendizaje, fomentando la autonomía de los estudiantes, el trabajo en equipo y colaborativo, y la adaptación de los métodos de evaluación.

Los jóvenes profesores se han dado cuenta de la importancia de integrar las TIC en la educación superior, no solo para mejorar el proceso de enseñanza-aprendizaje, sino también para fomentar la autonomía del alumnado, facilitar el trabajo en equipo y colaborativo, y promover la interacción bidireccional entre el docente y los estudiantes. Además, han observado que las TIC son fundamentales para establecer un futuro positivo en la educación, considerando las carencias evidentes y la necesidad de reenfocar los procesos educativos.

En el contexto cubano, se han realizado esfuerzos significativos para poner la tecnología al servicio de la educación y el progreso en el país. La Revolución Cubana ha implementado programas como los Joven Club de Computación, con el objetivo de progresar en la informatización de la enseñanza.

Estos esfuerzos reflejan el compromiso de Cuba con la integración de las TIC en la educación y el desarrollo de herramientas educativas innovadoras. En resumen, el grupo de jóvenes profesores cubanos de nivel superior en salud pública se encuentra inmerso en un proyecto ambicioso y significativo: el diseño de una aplicación multimedia para orientar a los estudiantes en su formación profesional y curricular. Su dedicación a la investigación, la búsqueda de conocimientos especializados y su compromiso con la integración de las TIC en la educación demuestran su determinación para crear una herramienta educativa de alta calidad.

El impacto positivo que se puede lograr a través de la implementación de una aplicación multimedia es significativo y abarca varios aspectos clave: En primer lugar, la aplicación multimedia tiene el Potencial de transformar el proceso de enseñanza-aprendizaje al proporcionar a los estudiantes una experiencia educativa más interactiva, dinámica y enriquecedora.

Al interactuar con sonidos, imágenes, videos, animaciones, gráficos, ejercicios interactivos y textos, los estudiantes podrán profundizar en los contenidos curriculares de una manera más atractiva y efectiva. Además, la implementación de esta aplicación multimedia podría fomentar la autonomía de los estudiantes, permitiéndoles explorar y aprender a su propio ritmo, lo que contribuiría a un mayor desarrollo intelectual sin un alto nivel de abstracción.

La aplicación también podría facilitar el trabajo en equipo y colaborativo, brindando a los estudiantes la oportunidad de participar en actividades de aprendizaje más dinámicas y participativas.

En el Contexto de la educación superior en salud pública en Cuba, la implementación de este tipo de aplicaciones multimedias, representar un aporte más en la integración de las Tecnologías de la Información y la Comunicación (TIC) en el proceso educativo. Esto no solo enriquecería la experiencia de aprendizaje de los estudiantes, sino que también prepararía a los futuros profesionales de la salud para enfrentar los desafíos del mundo digital en constante evolución.

Debe acotarse que además, la implementación exitosa de esta aplicación multimedia podría contribuir al cumplimiento de los objetivos establecidos en la política educativa cubana, que busca formar a las nuevas generaciones en la concepción científica del mundo y desarrollar plenamente las capacidades intelectuales, físicas y espirituales del individuo. La aplicación multimedia podría ser un recurso valioso para convertir los principios ideopolíticos y morales comunistas en convicciones personales y hábitos de conducta diaria, tal como se establece en la política educativa del país

2.- DESARROLLO:

El mundo está experimentando un rápido avance, en gran parte debido al progreso científico y tecnológico. Esto representa un desafío para los sistemas educativos, los cuales deben adaptarse a las políticas gubernamentales.

La política educativa cubana ha estado a la vanguardia en respuesta a estas demandas durante muchos años. Desde el Primer Congreso del Partido Comunista de Cuba, se ha establecido una dirección clara en este sentido, lo cual quedó explicitado en los siguientes términos:

> Formar a las nuevas generaciones y a todo el pueblo en la concepción científica del mundo, es decir, la del materialismo dialéctico e histórico; desarrollar en toda su plenitud humana las capacidades intelectuales, físicas y espirituales del individuo y fomentar en él, elevados sentimientos y gustos estéticos; convertir los principios ideopolíticos y morales comunistas en convicciones personales y hábitos de conducta diaria. [1]

Las demandas actuales también se reflejan en la educación de nivel superior, donde se concentran en mejorar el proceso de enseñanza-aprendizaje. Desde esta perspectiva, la integración de las TIC propicia elementos relativos a la mejora del trabajo grupal y el individual, tornando viable la autonomía de los educandos, la factibilidad de desarrollar trabajos en equipo y procesos de carácter colaborativo, la posibilidad de modificar y adaptar los métodos de evaluación, así como la interacción bidireccional entre el educador y sus discentes. [2]

Es importante comprender que las TIC deben ser utilizadas en la educación para que todas las funciones sean desempeñadas por ellas y a través de ellas. Las TIC tienen un gran poder que influye en el proceso de enseñanza-aprendizaje, incluyendo el tipo de actividad a desarrollar o la evaluación del estudiante. Por lo tanto, es fundamental integrar las TIC en la educación superior para mejorar el trabajo individual y grupal, fomentar la autonomía del alumnado, facilitar el desarrollo de trabajos en equipo y colaborativos, permitir la adaptación de los métodos de evaluación y promover la interacción bidireccional entre el docente y el alumnado.

Un estudio realizado por el Centro de Estudios sobre la Juventud reveló que los jóvenes cubanos tienen una computadora, acceso a Internet, reproductores de música y teléfonos móviles, en ese orden. Las tecnologías de la información y las comunicaciones (TIC) parecen ser el nuevo integrante popular alrededor del cual se desarrolla casi toda forma de comunicación. Por lo tanto, es importante integrar las TIC en la educación superior para mejorar el proceso de enseñanza-aprendizaje, fomentar la autonomía del alumnado, facilitar el trabajo en equipo y colaborativo, permitir la adaptación de los métodos de evaluación y promover la interacción entre el docente y el alumnado. [3]

Ingentes esfuerzos se realizan por parte de la Revolución Cubana con el objetivo de poner a la tecnología en función de la educación y el progreso de las más diversas ramas del saber en el país. Una muestra de esto lo constituye el Programa de los Joven Club de Computación; en sintonía con el Lineamiento 119 aprobado en el 7mo. Congreso del Partido, en el cual se expresa la relevancia de progresar en la informatización de la enseñanza.

Las más novedosas herramientas tecnológicas de la información y la comunicación generan nuevas puertas en dirección a un mundo digital en el que es posible realizar, a distancia y virtualmente, procesos y procedimientos que antes exigían de la presencia del educador. Los instrumentos infovirtuales como software educativo, correo electrónico, foros de discusión y páginas Web, posibilitan configurar entornos de aprendizaje, donde tanto educandos como profesores pueden compartir interesantes experiencias educativas.

2.1.- Tecnologías de la información y las comunicaciones

Las Tecnologías de la Información y las Comunicaciones (TIC, por sus siglas en español) constituyen, en la actualidad, recursos primordiales para el desarrollo de un país. El surgimiento y auge de dichas tecnologías ha traído consigo un conjunto de cambios "evolutivos" en todos los ámbitos de la sociedad, transformando la manera de actuar y de pensar de sectores empresariales y científicos enteros. Resulta inobjetable que un papel determinante en toda esta colosal transformación, le correspondió al empleo intensivo y extensivo de las Tecnologías de la Información y de las Comunicaciones.

Cabe aclarar que el término, TIC, se refiere expresamente a los procedimientos, métodos y equipos para procesar información y comunicar que surgieron en el contexto de la Revolución Informática, Revolución Telemática o Tercera Revolución Industrial, estos fueron desarrollados gradualmente desde la segunda mitad de la década de 1970 y, principalmente, en los años 90 del mismo siglo. Estas tecnologías agilizaron y tornaron menos palpable el contenido de la comunicación, por medio de la digitalización y de la comunicación en redes para la captación, transmisión y distribución de las informaciones, que pueden asumir la forma de texto, imagen estática, vídeo o sonido. Se considera que el advenimiento de estas nuevas tecnologías y la forma como fueron utilizadas por gobiernos, empresas, individuos y sectores sociales posibilitaron el surgimiento de la Sociedad de la Información. [4]

Los intentos desarrollados por diferentes especialistas, provenientes de las más disímiles ramas del saber, con el fin de definir las TIC, son incontables, pero estos disponen de ciertos elementos de cercanía o contacto. Debido a esto es posible aseverar, en general, que las más novedosas tecnologías de la información y comunicación son las que gobiernan en torno a tres medios básicos, a saber: la informática, la microelectrónica y las telecomunicaciones; y lo hacen de forma interactiva y a través de la interconexión, lo cual hace posible obtener nuevas realidades comunicativas". [5]

En la actualidad, se conceptualiza de una manera más sencilla cuando plantean que son el conjunto de recursos y soluciones tecnológicas que posibilitan la recopilación el procesamiento, el almacenamiento y trasmisión de información de todo tipo. [6]

Este concepto está compuesto por: [6]

-Tecnologías de la comunicación (TC): radio, teléfono y televisión.

-Tecnologías de la información (IT): todos los procesos y herramientas involucrados en la digitalización de datos.

Al integrarse estos conceptos hacen referencia a todos los recursos y herramientas mediante las cuales las personas pueden comunicarse, acceder a contenido de internet, la educación virtual y a distancia, el teletrabajo, etc. En resumen lo que realizan en su rutina diaria. Resumiendo lo expuesto anteriormente son innovaciones y/ herramientas que facilitan y agilizan el trabajo y el conocimiento.

2.2.- El uso de las TIC en la educación.

El uso creciente de las tecnologías de información en el ámbito educativo es cada vez más relevante. Esto ocurre debido a la incorporación de una variedad de herramientas y recursos que fortalecen el proceso de enseñanza-aprendizaje. Esta tendencia también permite una comunicación altamente interactiva entre los actores principales de la educación, es decir, docentes y estudiantes. Con la viabilidad de manejar recursos digitales, plataformas educativas, libros electrónicos y una amplia gama de herramientas a través del uso de computadoras e internet, los roles de los docentes y estudiantes han experimentado un cambio significativo.

En la actualidad, las Tecnologías de la Información y la Comunicación (TIC) desempeñan un papel fundamental en todas las actividades formativas, ya que generalmente cumplen tres funciones principales: como facilitadoras de los procesos de aprendizaje (proporcionando información, sirviendo como canal de comunicación entre docentes y estudiantes, y actuando como recurso didáctico), como herramientas para el procesamiento de la información, y como contenido implícito de aprendizaje (los estudiantes adquieren competencias digitales al utilizar las TIC). Por lo tanto, en la actualidad, los docentes necesitan incorporar las TIC a una creciente diversidad de sus propias actividades profesionales habituales. [7]

Es esencial aprovechar la tecnología como herramienta permanente para establecer un futuro positivo en la educación, considerando las carencias evidentes y la necesidad de reenfocar los procesos educativos, al respecto la UNESCO presentó "Connectivity Declaration. Steering the Digital Transformation" proponiendo principios y acuerdos para "...asegurar que las interconectadas tecnologías promuevan avances en una educación inclusiva, basada en los principios de justicia, igualdad, y el respeto por los derechos humanos..." (8)

La declaración goza de tres ejes principales, estableciendo compromisos profundos (8):

Primero: asegurar que la conectividad llegue a cada uno de los estudiantes; de apoyar una conectividad para la educación y que la educación a través de la tecnología complemente ala educación presencial, no que la reemplace.

Segundo: aumentar las inversiones en contenido académico digital de alta calidad, sin costo, por medio del desarrollo de opciones robustas de conectividad para los sistemas de educación pública; de proveer diversidad de contenidos y un monitoreo permanente del mismo proceso educativo digital.

Tercero: implementar los necesarios cambios pedagógicos y metodológicos; se comprometen al buen uso de los espacios digitales para el avance en las posibilidades de aprendizaje; la aplicación de la tecnología para fortalecer las dimensiones cívicas de aprendizaje; proteger la información personal de la comunidad educativa y promover el uso seguro de la internet en la educación

El autor es del criterio de que las TIC son de considerable importancia en el proceso de enseñanza aprendizaje; debido a que no solo sirven de medio de enseñanza, sino que también aportan las estrategias de aprendizajey la actividad de estudio, así como la docencia. Es por estas razones que resulta de meridiana importancia que dichas tecnologías se inserten en la educación por medio de la adopción de novedosas formas de utilizarlas (de manera obligatoria) para aumentar la calidad de los procesos docente - educativos.

2.3.- Multimedia como recurso didáctico.

A fecha actual, los softwares educativos, representan un pilar fundamental de los esfuerzos dirigidos a obtener un proceso docente educativo de alta calidad. Estos recursos están siendo ampliamente empleados y gozan de la aceptación y el disfrute de los educandos, debido a la posibilidad que ofrecen de interactuar con sonidos, imágenes, videos, animaciones, gráficos, ejercicios interactivos y textos, que complementan los contenidos a tratar, así como las simulaciones de procesos naturales o de laboratorios de difícil comprensión y modelación. Todos estos elementos propenden a un mayor desarrollo intelectual de los discentes, sin un alto nivel de abstracción, aportando clases más amenasy mejor aprovechamiento del tiempo lectivo, dándole un mayor protagonismo al estudiante y desarrollando sus capacidades para la investigación científica.

La educación ya no está centrada en el pensamiento del docente, sino que ahora este se ha convertido en un facilitador o mediador entre el estudiante y el conocimiento, donde el software educativo tiene un papel fundamental como herramienta y medio de comunicación entre ellos.

Al respecto, el especialista Pérez Marqués expresa lo siguiente:, "los materiales multimedia educativos, como los materiales didácticos en general, pueden realizar múltiples funciones en los procesos de enseñanza y aprendizaje. Las principales funciones que pueden realizar los recursos educativos multimedia son las siguientes: informativa, instructiva o entrenadora, motivadora, evaluadora, entorno para la exploración y la experimentación, expresivo-comunicativa, metalingüística, lúdica, proveedora de recursos para procesar datos, innovadora, apoyo a la orientación escolar y profesional, apoyo a la organización y gestión de centros". [9]

A los recursos multimedia se les puede definir, también como materiales didácticos que orientan y regulan el proceso de enseñanza-aprendizaje de los estudiantes, mediante la combinación de texto, color, gráficas, animaciones, video, sonido, en un mismo entorno. [10]

Los materiales multimediales deben ser utilizados como complementos de la enseñanza, tanto de forma presencial como semipresencial, de esta forma se puede aprovechar al máximo, los conocimientos de los expertos evitándoles perder el tiempo en conceptos generales que pueden ser fácilmente adquiridos a través del uso de los medios multimedia. La potencialidad de las herramientas disponibles permite simulaciones, la memorización de núcleos de información importantes al permitirse la interacción y a la combinación de imágenes, gráficos, textos, junto a las simulaciones con representaciones de la vida real. [11]

2.4.- Diseño de multimedia educativa en carreras de Salud.

Debido a la amplia utilización, en la República de Cuba, y en su ámbito educacional de nivel superior en la salud, se pueden encontrar diversos estudios científicos que consisten en o añaden el diseño de multimedias aplicadas a la formación de los educandos del referido perfil. Tales investigaciones dirigen esfuerzos en dirección al diseño de estas herramientas en virtud de una determinada asignatura o disciplina. Sin embargo, no es común encontrar la aplicación de las multimedias, encaminadas a la orientación profesional y curricular de los discentes.

Por otra parte, García Sánchez menciona diferentes metodologías propuestas por autores a nivel internacional, para la generación de software multimedia educativo, pero que difieren en las fases en las que están conformadas, así como en las actividades a desarrollar dentro de éstas. [12]

El autor del presente ensayo, a un nivel empírico derivado de su propia práctica profesional, ha podido apreciar, en el ámbito académico, la presencia de investigaciones que proponen multimedias para su utilización en el contexto educativo; específicamente en las universidades de Ciencias Médicas Tales estudios proponen el uso de los referidos recursos multimediales de carácter educativo en el apoyo de la docencia, a la sazón se utilizan diferentes programas en su diseños. Algunos utilizan el Mediator 9.0 para Windows mientras que otros profesionales optan por el Adobe Animate y el Crheasoft, entre otras posibles herramientas automatizadas de creación.

CONCLUSIONES:

- Las Tecnologías de la Información y las Comunicaciones (TIC) desempeñan un papel fundamental en el desarrollo de un país, transformando la manera de actuar y de pensar en todos los ámbitos de la sociedad. Estas tecnologías han influido en la comunicación, la educación, el trabajo y el conocimiento, facilitando y agilizando las tareas diarias.

- La integración de las TIC en la educación superior ha propiciado la mejora del proceso de enseñanza-aprendizaje, fomentando la autonomía del alumnado, facilitando el trabajo en equipo y colaborativo, permitiendo la adaptación de los métodos de evaluación y promoviendo la interacción entre el docente y el alumnado.

- El uso de las TIC en la educación ha evolucionado, permitiendo que las funciones de los docentes y estudiantes cambien significativamente. Las TIC han posibilitado clases más amenas, un mejor aprovechamiento del tiempo lectivo y un mayor protagonismo del estudiante, fomentando su nivel de investigación.

- Los softwares educativos, incluyendo las multimedias, representan un pilar fundamental en el proceso docente educativo de alta calidad. Estos recursos permiten a los estudiantes interactuar con una variedad de elementos, enriqueciendo así los contenidos a tratar y facilitando un mayor desarrollo intelectual sin un alto nivel de abstracción.

- La educación ya no está centrada en el pensamiento del docente, sino que ahora este se ha convertido en un facilitador o mediador entre el estudiante y el conocimiento, donde el software educativo tiene un papel fundamental como herramienta y medio de comunicación entre ellos.

See next page for conclusions in English.

CONCLUSIONS:

- Information and Communications Technologies (ICT) play a fundamental role in the development of a country, transforming the way of acting and thinking in all areas of society. These technologies have influenced communication, education, work and knowledge, making daily tasks easier and faster.

- The integration of ICT in higher education has led to the improvement of the teaching-learning process, promoting the autonomy of students, facilitating team and collaborative work, allowing the adaptation of evaluation methods and promoting interaction between the teacher and the student body.

- The use of ICT in education has evolved, allowing the roles of teachers and students to change significantly. ICT has made classes more enjoyable, better use of teaching time and a greater role for the student, promoting their level of research.

- Educational software, including multimedia, represents a fundamental pillar in the high-quality educational teaching process. These resources allow students to interact with a variety of elements, thus enriching the content to be covered and facilitating greater intellectual development without a high level of abstraction.

- Education is no longer focused on the teacher's thinking, but now the teacher has become a facilitator or mediator between the student and knowledge, where educational software has a fundamental role as a tool and means of communication between them.

Vea página anterior para las conclusiones en Español.

REFERENCIAS BIBLIOGRÁFICAS:

1.- Partido Comunista de Cuba. Tesis y Resoluciones. La Habana, Cuba: Oficina de Publicaciones del Consejo de Estado. 1975.

2.- Marín Díaz V, Romero López MA. La formación docente universitaria a través de las tics. Pixel-Bit. Revista de Medios y Educación [Internet]. 2009 [citado 2022 ene 14];(35): [aprox. 13 p.]. Disponible en: https://idus.us.es/xmlui/bitstream/handle/11441/22601/file_1.pdf?sequence=1&isAllowed=y

3.- Ramos D. A importância da Arquitetura da Informação para websites. [Internet]. Wordpress. 2008 [citado 2022 feb 16]. [aprox. 9 p.] Disponible en: https://mcdigital.net.br/a-importancia-da-arquitetura-da-informacao-para-websites/

4.- UNESDOC Biblioteca digital. UNESCO. 2004 [citado 16 de noviembre de 2023]. Las Tecnologías de la información y la comunicación en la formación docente: guía de planificación. Disponible en: https://unesdoc.unesco.org/ark:/48223/pf0000129533_spa

5.- Alvarado L. Qué son las TIC y cuál es su importancia [Internet]. Poliverso. 2022 [citado 16 de noviembre de 2023]. Disponible en: https://www.poli.edu.co/blog/poliverso/que-son-las-tic

6.- Gargallo Castel AF. La integración de las TIC en los procesos educativos y organizativos. Educ Rev [Internet]. 2018 [citado 2022 feb 17] 34(69) [aprox. 17 p.] Disponible en: http://www.scielo.br/scielo.php?script=sci_arttext&pid=S0104-40602018000300325&lng=en&nrm=iso&tlng=es

7.- Tecnología y educación 2022 [Internet]. Red Educativa Mundial - REDEM. 2022 [citado 17 de noviembre de 2023]. Disponible en: https://www.redem.org/tecnologia-y-educacion-2022/

8.- Moral JM. Sistemas multimedia en la enseñanza. Biblioteca V-UB ,1995. En: Multimedia educativa: clasificación, funciones, ventajas e inconvenientes. [citado 10

Abr 2010]. Disponible en: http://www.lmi.ub.es/te/ y
http://peremarques.pangea.org/funcion.htm

9.- Mena Ponciano IJ . "Proyectos multimedia educativos y etapas para su
desarrollo", Revista Atlante: Cuadernos de Educación y Desarrollo. [Internet]: 2018
[citado 2023 abr 18].

https://www.eumed.net/rev/atlante/2018/08/proyectos-multimedia-educativos.html

10.- Vidal Ledo M, Rodríguez Díaz A. Multimedias educativas. Educ Med Super
[Internet]. 2019 [citado 2022 Nov 01] ; 24(3): 430-441. Disponible en:
http://scielo.sld.cu/scielo.php?script=sci_arttext&pid=S0864-
21412010000300013&lng=es

11.- Benigni, G. Una metodología orientada a objetos para la producción de software
multimedia. Saber, 2018; 16(1), 26-32.

12.- García Sánchez E, Vite Chávez O, Navarrate Sánchez MÁ, García Sánchez MÁ,
Torres Cosío V. Metodología para el desarrollo de software multimedia educativo
MEDESME. CPU-e Revista de Investigación Educativa. diciembre de 2016;(23):216-
26.

Nota del autor: Las Imágenes que encontrará en este ensayo académico disponen
de licencia Creative Commons 0 (CC0) y han sido obtenidas en http://Pixabay.com.
Las referencias bibliográficas presentes en esta obra se encuentran acotadas según
Normas Vancouver.

Author's note: The images that you will find in this academic essay have Creative
Commons license 0 (CC0) and have been obtained in http://Pixabay.com. The
bibliographical references present in this work are limited according to Vancouver
Norms.

CON GRIN SUS CONOCIMIENTOS VALEN MAS

- Publicamos su trabajo académico, tesis y tesina

- Su propio eBook y libro - en todos los comercios importantes del mundo

- Cada venta le sale rentable

Ahora suba en www.GRIN.com
y publique gratis